Weihnachtszauber im Winterwald

Weihnachtszauber im Winterwald

Inhalt

Der kleine Hase im Weihnachtswald

Der kleine Hase beschenkt seine Freunde

Der kleine Fuchs im Winterwald

Für Sharon, denn du bist mein Stern!
Alles Liebe, Bek xxx

Der kleine Hase im Weihnachtswald

Rebecca Harry

Der kleine Schneehase Flöckchen lebte ganz allein tief im verschneiten Winterwald. Eigentlich war er ein sehr glücklicher Hase. Aber es gab etwas, das wünschte er sich mehr als alles andere auf der Welt.

Daher beschloss Flöckchen, dem Weihnachtsmann von seinem Wunsch zu erzählen. Am Abend vor Weihnachten schrieb er in seiner schönsten Schrift:

Lieber Weihnachtsmann,
könnte ich dieses Jahr einen Freund zu Weihnachten bekommen? Das ist das Einzige, das ich mir wirklich wünsche.
Vielen Dank
Flöckchen

Ganz sorgfältig schrieb er die Adresse auf den Umschlag, damit der Brief auch nicht verloren ging.
Er lief hinaus in die klirrende Kälte ...

... doch die Spatzenpost flog bereits davon.
Er hatte den Postboten verpasst!

Jetzt gab es nur noch eine Möglichkeit: Flöckchen musste den Brief selbst zum Weihnachtsmann bringen!

Flöckchen betrachtete die Landkarte.

„Ich muss einfach dem Nordstern folgen", sagte er. „Dann werde ich mich auch nicht verlaufen. Aber zur Sicherheit packe ich noch ein paar nützliche Dinge ein."

Er nahm seine warmen Handschuhe mit,

eine Handvoll leckerer Plätzchen

und die Karte.

Flöckchen war noch nicht lange unterwegs, da sah er plötzlich ein Licht durch die Bäume blitzen.

„Das ist der Nordstern!", rief er vergnügt.
Doch als er durch die Bäume trat, bemerkte er …

… dass es nur das Mondlicht war, das sich auf dem gefrorenen Teich spiegelte. Bären liefen darauf Schlittschuh und alle hatten großen Spaß daran …

… bis auf einen kleinen Bären, dessen Tatzen ganz kalt waren. Flöckchen zögerte nicht lange, gab dem kleinen Bären seine warmen Fäustlinge und zog dann weiter.

Er war noch nicht weit gekommen, da sah er hoch über sich einen Stern. „Das muss der Nordstern sein!", sagte er hoffnungsvoll.

Doch als Flöckchen den Hügel hinabgerutscht war, sah er, dass es nur die Spitze eines riesigen Weihnachtsbaums war.

Um den Baum herum huschten viele Tiere und hängten eifrig Weihnachtsschmuck an die Zweige. Alle freuten sich!

Nur ein kleiner Fuchs schaute den anderen zu, denn er selbst hatte keinen Schmuck, den er an den Baum hängen konnte.

Der kleine Hase überlegte. „Möchtest du vielleicht meine Plätzchen haben, um damit den Baum zu schmücken?", fragte er den kleinen Fuchs freundlich …

… und zog dann weiter.

Er war schon sehr weit gewandert,
als er plötzlich ein flackerndes Licht sah.
„Ob das der Nordstern ist?", fragte er sich,
aber auf der anderen Seite der Hecke traf er …

… auf Rehkitze, die sich verlaufen hatten. Trotz ihrer Laternen waren sie vom Weg abgekommen.

Flöckchen hatte eine Idee: Er gab den Rehen seine Landkarte, mit der sie schnell nach Hause finden konnten. Die Rehe freuten sich sehr und Flöckchen ging weiter.

Er blickte ein letztes Mal zum Himmel hinauf – und was sah er da?

„Das muss der Nordstern sein!", rief er. „Er leuchtet so hell." Und Flöckchen hoppelte so schnell er konnte und sah …

… den hellen Nordstern, der über dem Haus des Weihnachtsmanns erstrahlte.

Der Weihnachtsmann las Flöckchens Brief und sagte: „Hüpf auf meinen Schlitten! Ich muss jetzt los, überall auf der Welt Geschenke verteilen und Wünsche erfüllen. Da kann ich dich zu Hause absetzen."

„Und was ist mit meinem Wunsch, lieber Weihnachtsmann?", fragte der kleine Hase schüchtern.

„Wart's nur ab!", sagte der Weihnachtsmann lächelnd. Mit einem lauten *Hüh!* rauschten sie durch die dunkle, sternenklare Nacht.

Der Rentierschlitten landete vor Flöckchens Haus, tief im Winterwald. Und davor standen die Tiere, die Flöckchen auf seinem Weg zum Weihnachtsmann getroffen hatte. Sie alle waren gekommen, um ihm für seine Hilfe zu danken.

Und was für ein herrliches Weihnachtsfest die neuen Freunde gemeinsam feierten!

Flöckchens Weihnachtswunsch war tatsächlich in Erfüllung gegangen!

Für Jon, in Liebe xxx
R. H.

Der kleine Hase beschenkt seine Freunde

Rebecca Harry

Der kleine Schneehase Flöckchen lebte mit seinen Freunden Mäuschen, Fuchs und Bär im Wald.

An einem verschneiten Wintermorgen,
genau einen Tag vor Weihnachten,
band sich Flöckchen seinen kleinen
roten Umhang um und brach
zu seinen Freunden auf.

Mäuschen, Fuchs und Bär
waren bereit für einen lustigen
Tag zusammen.

„Was machen wir als Erstes?",
fragte Mäuschen.

„Ich hab's", sagte Flöckchen. „Lasst
uns am Honighügel Schlitten fahren.
Dort rutscht es sich am schönsten!"

Also machten sie sich auf den Weg.

Schon kurz darauf sausten Flöckchen, Fuchs,
Mäuschen und Bär den Honighügel hinunter.

Huiiii! Was für ein Spaß!
Wenn nur der Winterwind nicht so eisig gewesen wäre.

„M…m…mir ist k…ka…kalt", sagte Mäuschen nach einer Weile.
„Ich möchte nicht mehr spielen. Ich will nach Hause."

Flöckchen, Fuchs und Bär waren traurig.
„Was machen wir jetzt?", fragte Fuchs.
„Ich hab's", sagte Flöckchen. „Lasst uns
auf dem Spiegelsee Schlittschuh fahren.
Dort schlittert es sich am schönsten!"
Also machten sie sich auf den Weg.

Flöckchen, Fuchs und Bär fuhren Kreise und Schlangenlinien auf dem Eis.

Zisch!

Doch schon bald verdeckten graue Wolken die Wintersonne.

„Ich f…f…friere", wimmerte Fuchs nach einer Weile. „Ich möchte nicht mehr spielen. Ich will nach Hause."
Und er trottete davon.

Flöckchen und Bär
waren sehr traurig.
„Was machen wir jetzt?", fragte Bär.
„Ich hab's", sagte Flöckchen.
„Lass uns Tannenzapfen im
Baumwipfelwald sammeln.
Dort sucht es sich am schönsten!"

Doch kaum hatten sie den
Wald erreicht, da begannen
dicke Schneeflocken vom
Himmel zu fallen.

„Ich bin ganz durchgefr…fr…froren",
schlotterte Bär nach einer Weile.
„Ich möchte nicht mehr spielen.
Ich will nach Hause."
Und er stapfte davon.

Flöckchen war trauriger als je zuvor. „Was mache ich jetzt?", seufzte er. „Alle meine Freunde sind weg. Dann werde ich wohl auch nach Hause gehen, ganz allein."

Flöckchen war schon fast zu Hause, als er plötzlich anhielt. Da funkelte etwas im Schnee.

Es war eine Silbermünze,
die im Mondlicht glänzte.

„Oooh!", sagte Flöckchen und steckte die Münze in
die Tasche seines Umhangs. „Was mache ich jetzt damit?"

Da hatte er auf einmal eine wunderbare
Idee. „Ich weiß genau, was ich damit
Schönes anstellen werde!" Also machte
er sich auf den Weg.

Es wurde schon dunkel, als Flöckchen am Dorfladen ankam. Herr Dachs wollte gerade die Tür schließen. „Oh bitte, Herr Dachs", sagte Flöckchen mit der Silbermünze in der Pfote. „Ich brauche nur *eine* Sache."

„Was möchtest du denn?",
fragte Herr Dachs.

„Ich hätte gern eins davon",
bat Flöckchen und zeigte
in das Regal.

Der kleine Schneehase eilte
durch die Dunkelheit nach Hause,
sein Päckchen fest an sich gedrückt.

Zurück in seiner gemütlichen Hütte machte sich Flöckchen an die Arbeit. Die ganze Nacht hindurch, während der eisige Wind wehte, graue Wolken den Wintermond verdeckten und dichter Schnee fiel, strickte, strickte und strickte Flöckchen … bis er schließlich das große rote Wollknäuel, das er gekauft hatte, vollständig aufgebraucht hatte. Alles war nun fertig.

Am nächsten Tag war Weihnachten. Flöckchen machte sich auf den Weg durch den glitzernden Schnee.

Zuerst besuchte er Mäuschen in ihrem Haus. „Ich habe dir ein Geschenk mitgebracht", sagte er.

Mäuschen packte das Geschenk aus. Flöckchen hatte ihr eine kleine Mütze gestrickt, mit einem lustigen Bommel obendrauf. „Vielen Dank", sagte Mäuschen glücklich. „Jetzt wird mir nicht mehr kalt!"

Dann besuchte der kleine Schneehase Fuchs in seinem Bau.
„Ich habe dir ein Geschenk mitgebracht", sagte er.
Fuchs packte das Geschenk aus. Flöckchen hatte ihm einen langen, kuscheligen Schal gestrickt. „Vielen Dank", sagte Fuchs glücklich. „Jetzt werde ich bestimmt nicht mehr frieren!"

Zu guter Letzt besuchte Flöckchen Bär in seiner Höhle. „Ich habe dir ein Geschenk mitgebracht", sagte er. Bär packte das Geschenk aus. Flöckchen hatte ihm eine weiche Weste gestrickt, mit einem großen braunen Knopf daran.

„Vielen Dank", sagte Bär und lächelte.
„Jetzt werde ich nie mehr durchgefroren sein!"
Und er gab Flöckchen eine dicke Bärenumarmung.

Später, als die Sonne unterging, zündeten Flöckchen und seine Freunde die Kerzen am Weihnachtsbaum an. Flöckchen trug seinen Umhang. Mäuschen hatte ihre kleine Bommelmütze aufgesetzt. Fuchs trug seinen langen, kuscheligen Schal. Und Bär hatte seine weiche Weste mit dem großen braunen Knopf an.

Gemeinsam hatten sie einen wunderschönen Abend.
„Aber wir haben gar kein Geschenk für dich, Flöckchen", sagten seine Freunde.

Der kleine Schneehase sah seine Freunde an, die es in ihren neuen Anziehsachen herrlich warm hatten, und lächelte.
„Das macht mir gar nichts aus …", sagte er.

„Denn *Freundschaft* ist überhaupt das allergrößte Geschenk.
Fröhliche Weihnachten euch allen!"

In liebender Erinnerung an meinen Opa,
Tom Davies xxx – R. H.
Für Annie und Florence, in Liebe – T. K.

Der kleine Fuchs im Winterwald

Timothy Knapman · Rebecca Harry

Es gab einmal einen kleinen Fuchs,
der den ganzen Sommer lang nur spielen wollte.

„Der Sommer ist fast vorbei!", rief der kleine Fuchs. „Kommt und lasst uns spielen, solange die Sonne noch scheint."
Aber seine Freunde waren viel zu beschäftigt.
„Der Winter kommt bald", sagten sie.
„Vorher gibt es noch viel zu tun!"
Die Freunde machten sich Sorgen um den kleinen Fuchs.
Wie würde es ihm im Winter ergehen?

„Lass mich dir helfen, lieber Fuchs", sagte der Schneehase. „Ich kann dir den besten Platz zeigen, um dein Zuhause für den Winter zu bauen. Dort wärst du ganz in unserer Nähe."

Aber der kleine Fuchs hörte nicht zu. Er war viel zu beschäftigt damit, Purzelbäume über die weichen Blumenwiesen zu schlagen.

Also versuchte die Eule ihr Glück. „Ich kann dir zeigen, wie du dir ein gemütliches Bett herrichten kannst", sagte sie. „Dann hättest du es den ganzen Winter über schön kuschelig warm."

Aber der kleine Fuchs hörte nicht zu.
Er war viel zu beschäftigt damit, im See zu planschen.

Als Nächstes wagte das Eichhörnchen einen Versuch. „Ich kann dir zeigen, wie du Futtervorräte anlegst", sagte es. „Dann hättest du den ganzen Winter über genug zu essen."

Aber der Fuchs hörte nicht zu. Er war viel zu beschäftigt damit, den Schmetterlingen hinterherzujagen.

„Der Winter kommt bald", warnten seine Freunde. „Weißer Schnee wird fallen und ein klirrend kalter Wind wehen. Wir werden bis zum Frühling in unseren Behausungen bleiben, aber was wirst du tun?"

„Ich werde im Schnee spielen und mit dem Wind singen und den ganzen Wald für mich allein haben!", freute sich der kleine Fuchs. „Jetzt kommt und lasst uns Quatsch machen!"

Aber die anderen Tiere wollten lieber fleißig sein, während der Fuchs den ganzen Herbst hindurch nur spielte.

Und dann kam der Winter. Weißer Schnee fiel und ein klirrend kalter Wind wehte.

Der Schneehase hatte sein Zuhause genau am richtigen Fleck gebaut. Die Eule hatte ihr gemütliches Bett. Und das Eichhörnchen hatte viele leckere Eicheln zum Essen.

Sie alle waren auf den Winter vorbereitet.
Aber was war mit dem kleinen Fuchs?

Dem armen Fuchs war es viel zu kalt, um im Schnee zu spielen. Er war viel zu hungrig, um mit dem Wind zu singen, und er war ganz allein im Winterwald.

„Oh, ich wünschte, ich hätte auf meine Freunde gehört", dachte er. „Ich wünschte, ich wünschte …" Der kleine Fuchs schaute zum Himmel auf und schickte seinen Wunsch zu den Sternen.

Und je länger er an seinen Wunsch dachte, desto größer wurde einer der Sterne. Er wurde größer und größer und größer, bis …

... *PLUMPS!*
Er war ihm auf den Kopf gefallen!
„Aua!", rief der Fuchs. Aber der
Stern war überhaupt kein Stern.
Eine in silbrig schimmerndes Papier
verpackte Schachtel hatte
ihn getroffen.

Der kleine Fuchs hätte
alles für sich behalten
können …

Die Schachtel war aufgesprungen
und heraus purzelten Spielzeug,
Leckereien und glänzende Dinge,
die im Schnee funkelten.

… aber er hatte eine bessere Idee.

In Windeseile verstaute er alles wieder in der Schachtel und machte sich auf den Weg. Er hatte etwas zu erledigen!

Am nächsten Morgen fanden der Schneehase, die Eule und das Eichhörnchen wunderschöne Geschenke vor ihren Nestern und Höhlen.

„Woher die wohl sind?", fragten sie sich.

Dann entdeckten sie Pfotenspuren im Schnee und folgten ihnen bis zum …

... kleinen Fuchs!

Er hatte ein großes Festessen für sie vorbereitet.
„Erst Geschenke und jetzt das!", jubelten die Freunde.
„Danke, lieber Fuchs!"

„Ihr alle habt versucht, mir zu helfen, aber ich habe
nicht zugehört", sagte der kleine Fuchs. „Es tut mir leid."

Nachdem sie genug gegessen hatten, spielten
die Tiere im Schnee und sangen mit dem Wind.

Sie jagten den Schneeflocken hinterher, schlitterten über den gefrorenen See und schlugen Purzelbäume über die weiche Schneedecke.

Schließlich dämmerte es und der Schneehase sagte: „Es ist gleich Schlafenszeit, kleiner Fuchs. Warum kommst du nicht mit uns?"

Und so packten die vier Freunde alles zusammen und spazierten durch den Winterwald nach Hause.

Als der Mond über ihnen aufging, erreichten sie gerade die große Eiche.
„Siehst du, kleiner Fuchs", sagte der Schneehase, „wenn du dir hier dein Zuhause baust, wirst du den ganzen Winter über in unserer Nähe sein. Das ist genau der richtige Platz."

„Richte dir aus der Schachtel und dem Papier ein gemütliches Bett her", sagte die Eule, „dann wirst du es kuschelig warm haben, wenn der klirrend kalte Wind weht."

„Und schau, wenn du den Rest dieser Leckereien aufbewahrst", sagte das Eichhörnchen, „wirst du genug zu essen haben, bis der weiße Schnee schmilzt."

Und dieses eine Mal hörte der Fuchs zu.
„Ich danke euch", sagte er. „Ihr seid die besten Freunde."

Jetzt hatte der kleine Fuchs alles,
was er brauchte.

Und nie wieder war ihm kalt,
war er hungrig und ganz allein.

Das will ich lesen!

ISBN 978-3-7432-0202-3

DAS Kreativbuch für die schönste Zeit im Jahr! Spielend die Advents- und Weihnachtszeit verbringen mit 20 Krippenfiguren zum Zusammenstecken, den beliebten Liedtexten „Stille Nacht, heilige Nacht", „O du fröhliche Weihnachtszeit", „Alle Jahre wieder" und „Zu Bethlehem geboren", schönen Bastelideen und der Nacherzählung der Weihnachtsgeschichte.

Das will ich lesen!

ISBN 978-3-7855-8802-4

Hurra, der Winter ist da und Weihnachten steht vor der Tür!
Hilf Fuchs und Pinguin, die Geschenke zu verteilen, und lass den
Schlitten von Katze und Maus den Hügel hinuntersausen. Probiere die Schiebeeffekte
aus und finde heraus, was es zur Weihnachtszeit Tolles zu entdecken gibt.

ISBN 978-3-7432-0479-9
1. Auflage 2019
© 2019 Loewe Verlag GmbH, Bindlach
Dieser Titel enthält die z.T. bearbeiteten Einzeltitel:
• *Der kleine Hase im Weihnachtswald*
Erschienen unter dem Originaltitel *Snow Bunny's Christmas Wish*
bei Nosy Crow 2012
Copyright Text and Illustration © 2012 Rebecca Harry
Aus dem Englischen übersetzt von Linde Zwerg
This translation of *Snow Bunny's Christmas Wish* is published by arrangement with Nosy Crow Limited.
• *Der kleine Hase beschenkt seine Freunde*
Erschienen unter dem Originaltitel *Snow Bunny's Christmas Gift*
bei Nosy Crow 2014
Copyright Text © 2014 Nosy Crow Ltd.
Copyright Illustration © 2014 Rebecca Harry
Aus dem Englischen übersetzt von Linde Zwerg
This translation of *Snow Bunny's Christmas Gift* is published by arrangement with Nosy Crow Limited.
• *Der kleine Fuchs im Winterwald*
Erschienen unter dem Originaltitel *The Winter Fox*
bei Nosy Crow Ltd. 2016
Copyright Text © 2016 Timothy Knapman
Copyright Illustration © 2016 Rebecca Harry
Aus dem Englischen übersetzt von Mareike Schlensog
This translation of *The Winter Fox* is published by arrangement with Nosy Crow Limited.
Alle Rechte vorbehalten
This translation of *Weihnachtszauber im Winterwald* is published by arrangement with Nosy Crow Limited.
Für die deutschsprachige Ausgabe
© 2012, 2014, 2017 Loewe Verlag GmbH, Bindlach
Umschlagillustration: Rebecca Harry
Umschlaggestaltung: Ramona Karl
Printed in China

www.loewe-verlag.de